

MEMOIRE,

POUR Nicolas-Theodore de Thalas, Lieutenant de la Milice, & Eugene Theophile de Thalas Sieur de Mornet freres ; habitans de l'Isle de la Grenade à la Martinique.

CONTRE Pierre Combet de la Mitonniere, & Marie-Françoise Caffé femme du sieur de la Courtiere, habitans de la même Isle.

LEs sieurs de Thalas injustement accusez & encore plus injustement condamnez par un jugement du Conseil Superieur de la Martinique du 14. Septembre 1719. se sont pourvûs au Conseil de Sa Majesté en revision de procez ; leur Requeste a été admise, & il a été ordonné par Arrest du 7. Decembre 1720. que le procez criminel dont est question seroit aporté au Greffe du Conseil avec les conclusions du Procureur General du Conseil Superieur de la Martinique, pour aprés l'examen dudit procez estre fait droit, ainsi qu'il appartiendra.

On sçait assez que ces sortes d'affaires ne s'introduisent jamais au Conseil qu'aprés un examen rigoureux, & que l'on ne trouve une preuve presque complette de ce que les Demandeurs en revision avancent dans leurs Requestes, ainsi on peut avec justice regarder cet Arrêt comme un prejugé favorable d'autant plus que les moyens sur lesquels les sieurs de Thalas ont établi leur demande, se trouvent dans le vû de la Sentence & de l'Arrest dont ils se plaignent.

Ils ont envoyé leur Arrest à la Martinique, sans avoir pû obliger jusqu'à present le Greffier du Conseil Superieur d'y satisfaire, ils attendoient la remise de cette procedure, pour instruire plus particulierement Sa Majesté & Nosseigneurs de son Conseil ; mais ayant eu connoissance d'un Memoire que la Mitonniere & la Dame de la Courtiere ont fait imprimer & distribuer, rempli de faussetez & de calomnies, les sieurs de Thalas pour détruire les impressions que ce Memoire auroit pû donner contr'eux, ont crû qu'il étoit de leur honneur d'y répondre, & de faire connoître par avance, que jamais persecution n'a été plus grande que celle que l'on a exercé contr'eux, & que jamais gens qui ont vécu avec honneur, comme ils ont toûjours fait, à la satisfaction de tout ce qu'il y a eu de Commandans & de Superieurs dans le Pays, n'ont été traitez avec autant d'infamie.

FAIT.

Eugene Theophile de Thalas sieur de Mornet a été long-temps ami intime de la Dame de la Courtiere, mais ayant eu quelques differens ensemble, ils se broüillerent jusqu'à ne plus se voir.

Comme ce refroidissement ne plaisoit pas à Loüis Cassé frere de la Dame de la Courtiere, il vint dîner chez le sieur de Thalas dans la vûë de le reconcilier avec sa sœur, il le pria de bien vivre avec elle, le sieur de Thalas l'assura qu'il ne vouloit aucun mal à la Dame de la Courtiere, & qu'il la verroit avec plaisir, & que pour cet effet il iroit dîner un jour chez le sieur Cassé pour aller ensuite chez la Dame de la Courtiere.

Le sieur de la Mitonniere, qui depuis la rupture arrivée entre la Dame de la Courtiere & le Sieur de Thalas, s'étoit impatronisé chez elle, & y demeuroit depuis quatre ans, contre la deffense de son mary, qui est depuis plus de six ans hors de l'Isle, ayant apris ce qui se passoit entre les sieurs Cassé & de Thalas, voulut rompre cette reconciliation, & il mit en usage tout ce que le dépit & la jalousie purent lui suggerer.

Le sieur de Thalas alloit presque tous les jours chez la Dame de Flavigni sa sœur, & étoit obligé de passer auprés de l'habitation de la Dame de la Courtiere n'y ayant pas d'autre chemin, la Mitonniere qui le sçavoit, alla le 3. Decembre 1718. armé d'épée & de pistolets avec cinq ou six negres, tant à lui qu'à la Dame de la Courtiere, attendre le sieur de Thalas entre sept à huit heures du soir sur le chemin dans l'endroit le plus obscur, & lorsque le sieur de Thalas vint à passer à cheval avec un seul negre, la Mitonniere l'arresta, lui porta le pistolet à la gorge en l'injuriant & lui disant de rendre son épée.

Le sieur de Thalas qui ne le reconnut pas d'abord parce qu'il deguisoit sa voix, se deffendit pendant quelque temps avec un petit baton qu'il avoit à la main, frapant de tous côtez sur son homme pour lui faire lâcher prise, mais cela n'empêcha pas la Mittonnerie d'arracher l'épée du sieur de Thalas avec tant de violence, qu'il emporta une partie du ceinturon; le sieur de Thalas se degagea, & s'échapa pour éviter d'être assassiné, & aprés avoir couru pendant quelque temps il revint sur ses pas, jusqu'à l'endroit où il avoit été attaqué: il aperçût la Mitonniere qui retournoit avec ses négres dans la maison de la Dame de la Courtiere.

Le sieur de Thalas alla jusqu'à la porte, où ayant trouvé cette femme qui y étoit assise, il descendit de cheval, & la pria honnêtement de luy faire rendre son épée par la Mitonniere, mais sans répondre au compliment du sieur de Thalas, elle rentra dans sa maison & en sortit sur le champ ayant l'épée nuë à la main, en disant au sieur de Thalas *tiens B..... voy si c'est-là ton épée*, & en même temps la lui plongea dans le ventre.

Le sieur de Thalas qui se sentit dangereusement blessé ne fût pas maître de son premier mouvement, il prit un de ses pistolets qu'il tira sur la Dame de la Courtiere qui n'en reçût qu'une legere blessure à la cuisse, tout ce qu'il pût faire fût de remonter sur son cheval aidé par son negre, & de se rendre chez la Dame de Flavigny qui envoya chercher sur le champ un Confesseur & un Chirurgien.

Nicolas-Theodore de Thalas son frere averti de ce qui étoit arrivé porta sa plainte dès le lendemain au sieur Girard Lieutenant Criminel de l'Isle de la Grenade, & demanda permission de faire informer. Deux jours aprés, la Dame de la Courtiere & la Mitonniere se rendirent accusateurs & denonciateurs au Procureur du Roy qui forma une plainte sur leur recit.

Il exposa contre la verité qu'Eugene Theophile de Thalas étant allé chez la Dame de la Courtiere qu'il l'avoit mal reçû, il frapa à coups d'épée la Mittonniere, qui étant sauté sur le sieur de Thalas, lui arracha son épée & l'emporta, que le sieur de Thalas étant allé chercher Nicolas-Theodore de Thalas son frere aîné, il vinrent tous deux chez la Dame de la Courtiere, suivis de plusieurs negres, qu'ils enfoncerent la porte à coups de levier, qu'alors la Mittonniere étant sorti de la maison l'épée nuë à la main, Eugene-Theophile de Thalas *s'enferra*, & que son frere le voyant blessé, tira un coup de pistolet sur la Dame de la Courtiere.

L'information faite, le Lieutenant Criminel decreta la Mitonniere de prise de corps, la Dame de la Courtiere & les sieurs de Thalas d'assignez pour être oüis; mais comme le Lieutenant Criminel continuoit son instruction avec trop d'exactitude, la Mittonniere dont la dénonciation n'étoit fondée que sur des faussetez, chercha les moyens de lui ôter la connoissance de cette affaire.

Il presenta une Requeste au Conseil Superieur de la Martinique, sur laquelle le Conseil, par une procedure autant irreguliere qu'elle est injuste, dépoüilla le Lieutenant Criminel, &

commit le sieur Roume de Saint Laurent, ancien Procureur de ce Conseil, auparavant precepteur de la Mitonniere, pour continuer l'instruction jusqu'à jugement définitif inclusivement, sauf l'appel.

Ce nouveau Juge commis étant arrivé, commença par faire consigner une somme de 1000. liv. & se rendit maître de la procedure qu'il se fit remettre sans aucune formalité; & quelque prevention qu'il eût contre le sieur de Thalas, quelques détours qu'il eût mis en usage, soit pour avoir des preuves contr'eux, soit pour détourner ou affoiblir celles qu'ils proposoient pour leurs deffenses, il n'en pût jamais supposer assez pour faire tout le mal que l'on avoit premedité.

Il s'en explique lui même par sa Sentence du 28. Mars 1719. dont la disposition est si extraordinaire que l'on n'en a jamais vû de pareille : il dit.

Que cette nuée de témoins qui ont été entendus ne fait pas une preuve suffisante, pour operer une condamnation à des peines afflictives, ni en particulier à la question; supposé que l'affaire pût meriter de telles condamnations, ce qu'il ne s'agit plus de définir dans ce sistême present, mais qu'il resulte de tout un violent soupçon, que le contenu de la plainte du Procureur du Roy qui est fondée sur la dénonciation du sieur de la Mitonniere, & de la Dame de la Courtiere est veritable en substance. 1°. Pour le coup d'épée reçû de la Mitonniere par le Sr de Thalas qui de dépit de voir ses civilitez meprisées, avoit precedemment attaqué & frapé la Mitonniere. 2°. Pour le coup de pistolet reçû du sieur de Thalas par la Dame de la Courtiere, laquelle par des expressions seches & dures dont les preuves testimoniales & litterales existent au procez au plus parfait degré, & en agaçant les sieurs de Thalas freres, n'a pas peu donné lieu à tout le mal qui s'est fait depuis le commencement jusqu'à la fin. 3°. Que pour la porte de la chambre de ladite femme, il n'y avoit ny serrure ny verroüils, & que n'étant fermée que d'une cheville de bois, auroit été enfoncée & ouverte, sans pourtant qu'aucune partie de ladite porte, dont a été seulement fenduë la planche qui apuyoit contre ladite cheville, lorsque cette porte étoit fermée, ait été separée du reste, pour reparation dequoy les sieurs de Thalas sont condamnez à une amende de 400. liv. tournois aplicable à la construction d'un Palais, pour rendre la justice en l'Isle de la Grenade & à tous les dépens, le tout solidairement, renvoye sans dommages & interests la Mitonniere & la Dame de la Courtiere, ensemble les negres, Cupidon, Melchior & Loüis des cas à eux imputez; ordonne que l'épée d'Eugene Theophile de Thalas mentionnée au procez lui sera renduë, & que les hardes de la Dame de la Courtiere mentionnées au pro-

cez

cez demeureront au Greffe à telle fin que de raison, bien entendu que la somme de 1000. liv. tournois consignée, sera payée & renduë par les sieurs de Thalas en leur remettant le reçû qu'en a donné le Greffier, & que la même somme leur sera déduite sur les dépens.

Ce Juge commis se taxe quarante trois journées, autant à son Greffier, autant à un Huissier, & cinq jours pour le retardement d'un Bâteau, à trente livres par jour.

Une pareille Sentence fait naître bien des réflexions; on voit un Procureur, qui ne trouvant pas occasion ny de preuves suffisantes pour condamner les sieurs de Thalas, & ne voulant pas néanmoins perdre ses vacations, & en charger la Dame de la Courtiere ny la Mitonniere, qu'il ne trouvoit pas assez bon pour cela, & qui d'ailleurs lui avoient procuré une affaire si bonne pour lui, cherche des biais pour en faire tomber les frais sur les sieurs de Thalas, il ne trouve pas des preuves suffisantes pour assurer la dénonciation, mais il lui paroît un violent soupçon, qui l'engage à condamner les sieurs de Thalas à une amende infamante & à des depens dont il dévoit profiter.

Les sieurs de Thalas qui esperoient trouver plus de justice au Conseil superieur de la Martinique, y appellerent de cette Sentence; mais la faveur de la Dame de la Courtiere & de la Mitonniere qui y avoient la plus grande partie des Juges pour parens, y a été si grande, que le Conseil sans nouvelles informations, sans nouvelles charges & sur la simple déposition des Esclaves des sieurs de Thalas, extorquée à force de tourmens & gagnez par argent, les a condamné à des peines infamantes, qui sont plus cruelles à des gens d'honneur que la mort même.

Le Conseil par son jugement du 14. Septembre 1719. *a mis les appellations & Sentence au néant, & émandant & corrigeant, & aprés que les negres, Cupidon, Melchior & Loüis, ont soûtenu au sieur de Thalas dans la confrontation faite sommairement, que le contenu en leurs interrogatoires subi sur la scellette contient verité, & y ayant persisté & soûtenu en face des sieurs de Thalas qui ont soûtenu le contraire y ayant aussi persisté, faisant droit sur l'apel de la Mittonniere & de la Dame de la Courtiere, & pour les cas resultans du procez contre les sieurs de Thalas, & leurs negres Cupidon & Melchior, & Petit Loüis du sieur Rochard a déclaré les sieurs de Thalas atteints & convaincus d'avoir de dessein premedité été chez la Dame de la Courtiere chercher la Mittonniere pour l'insulter avec des negres armez de fusils, d'avoir fait enfoncer & enfoncé même la porte de la maison à coups de levier, d'avoir voulu y mettre le feu & d'en avoir fait les menaces, lors dequoy la Mittonniere pour sauver sa vie se presentant pour sortir de la maison l'épée à la main, Eugene-Theophile de Thalas en fut blessé surquoy Theodore de Thalas donna un coup de pistolet dans le ventre de la Dame de la Courtiere, & la manqua ensuite d'un coup de fusil & lesdits negres Cupidon, Melchior & Petit Loüis d'avoir aidé & assisté les sieurs de Thalas dans le guet à pens avec d'autres negres inconnus jusqu'à present, d'avoir porté le fusils & frapé du levier contre la porte, & autre cas mentionnez au procez, pour raison dequoy & en ce qui resulte encore de la conduite violente des sieurs de Thalas à la Grenade eu égard à leur longue prison & détention, les condamne à sortir dans trois mois, tant de l'Isle de la Grenade, que des autres du Gouvernement general des Isles du vent avec ceux de leur famille qui voudront les suivre, sans jamais pouvoir y revenir & demeurer, sous quelque prétexte que ce soit, aprés avoir esté blamez en plaine Audience du Conseil en presence de la Mitonniere & de la Dame de la Courtiere, ausquels il demanderont pardon des offenses & voyes de fait par eux commis contr'eux, condamne les sieurs de Thalas en 400 liv. tournois aplicables à la construction d'une prison à la Grenade, en 3000 liv. d'interests civils envers la Dame de la Courtiere, & en 2000 liv. envers la Mitonniere, & en tous les dépens du procez, pensemens de Chirurgiens, raports & medicamens, & eu égard à la confession desdits Cupidon, Melchior & Loüis, à ce qu'il a paru qu'ils n'ont suivi leurs maistres & agi dans cette affaire que par obéissance pour eux, qu'ils n'ont nié le fait jusqu'à ce jour, que par l'intimidation & deffenses de leursdits Maistres, & attendu aussi leur longue détention dans les prisons, le Conseil a seulement confisqué au profit du Roy lesdits Melchior & Cupidon, pour survenir à l'avenir aux travaux de Sa Majesté, a renvoyé ledit Loüis des peines qu'il pourroit avoir encouru, & ordonné qu'il sera vendu à la diligence du Procureur du Roy, pour les deniers en estre remis au sieur Rochard son maistre.*

C'est contre ce jugement que les sieurs de Thalas se sont pourvûs au Conseil, & comme le présent Memoire n'est que pour répondre à celui de la Dame de la Courtiere & de la Mitonniere, les sieurs de Thalas ne donneront qu'une idée generale des moyens sur lesquels leur Requeste a esté admise.

Contravention à l'Ordonnance du mois de Mars 1685. portant Reglement pour la discipline dans les Isles de l'Amerique, qui porte, art. 30. *Que les Esclaves ne pourront estre témoins, tant en matieres civiles que criminelles, & que leurs dépositions ne serviront que de memoires, sans que l'on en puisse tirer ny conjecture ny adminicule de preuve*; le Conseil de la Martinique n'a jugé que sur les dépositions des Esclaves.

La procedure avoit esté commencée par le Lieutenant Criminel de l'Isle de la Grenade, il en a esté dépoüillé sans aucune formalité pour commettre un Procureur dévoüé à la Mitonniere, & dont il avoit esté Précepteur, par Jugement sur simple Requeste presentée par la Mitonniere.

Le sieur Roume, Juge-commis, déclare par sa Sentence qu'il ne trouve aucune preuve, mais seulement un violent soupçon, ce qui forme des nullitez & des contraventions aux Ordonnances qui demandent des preuves certaines & convaincantes pour condamner à des peines afflictives; le sieur Roume n'en a trouvé aucune; il n'en est pas survenu de nouvelles au Conseil de la Martinique, qui n'a fondé son Jugement que sur le témoignage des Esclaves.

Pendant huit mois que ces Esclaves ont été en prison ils ont toûjours nié les faits avancez contre les sieurs de Thalas, & ce n'est que le jour du Jugement qu'ils se sont avisez de déposer sur la sellette; ils ont déclaré depuis qu'ils ne l'avoient fait que pour se tirer de la misere où ils étoient, & des mauvais traitemens qu'on leur faisoit, qu'on leur avoit donné de l'argent pour dire ce qu'ils ont déclaré; il y en a un qui l'a soûtenu en plein Conseil & qu'il remit même sur le Bureau l'argent qu'on lui avoit donné. On en rapportera la preuve.

On a reçû la déposition de plusieurs témoins par écrit sans estre dattée ny signée; la preuve s'en trouve dans la Sentence.

On a entendu des mendians & gens qui étoient au pain de la Dame de la Courtiere, ausquels on a donné de l'argent pour déposer.

On a entendu des témoins ennemis jurés des sieurs de Thalas, qui avoient porté des plaintes contre eux au Gouverneur de la Grenade.

Les sieurs de Thalas ont proposé des reproches & des causes de récusations contre tous les témoins par plusieurs Requestes que l'on a refusé de répondre.

On a entendu & reçû pour témoins un neveu de la Dame de la Courtiere âgé de neuf ans, & ses domestiques contre la disposition de l'Ordonnance.

Pour avoir un prétexte de bannir les sieurs de Thalas, on a supposé que leur conduite étoit violente dans l'Isle de la Grenade, & il ne s'en agissoit pas au Procès, & cela sans preuve & sur les simples allegations de la Mitonniere & de la Dame de la Courtiere, qui doivent estre regardez comme des calomniateurs, & la Mitonniere coupable lui-même de violences, de séditions & d'assassinats, dont on a la preuve par écrit.

Le Procès a été jugé à la Martinique par six Juges contre la disposition de l'Ordonnance, & de ces six Juges il y en avoit trois de récusables & qui devoient s'abstenir du Jugement, comme parens & alliez des Partiesdes sieurs de Thalas.

Le Procureur du Roy de la Grenade qui a été l'Auteur de toute la procedure, & la Partie publique des sieurs de Thalas, est un homme réfugié dans l'Isle de la Grenade, qui s'est échapé des Prisons de Nantes, où il a été condamné pour crime de vol, viol & impieté ; la Sentence en a été jointe à la requeste des sieurs de Thalas.

Voilà un précis des Moyens dont on s'est servi dans la forme.

Dans le fonds tous les faits avancez par les sieurs de Thalas sont veritables ; c'est la Mitonniere qui a attaqué le sieur de Thalas sieur de Mornet, qui lui a arraché son épée avec violence, & l'a emporté dans la maison de la Dame de la Courtiere ; il n'est que trop veritable que le sieur de Thalas a été blessé à mort, & que c'est la Dame de la Courtiere qui a fait le coup.

Il est vrai que la Mitonniere met cette action sur son compte ; mais ce n'est que par pure complaisance pour cette femme, & par reconnoissance : cela est si vray qu'elle a toûjours refusé d'affirmer de n'avoir pas elle-même porté le coup, comme le sieur de Thalas l'en interpella lors de la confrontation, en lui disant, dites *que la terre s'ouvre tout présentement pour vous abîmer, si c'est vous qui m'avez blessé.* Il est fait mention de cette interpellation dans le Procez verbal, & que la Dame de la Courtiere au lieu d'y répondre changea de discours. Si le sieur de Thalas en étoit mort, on ne croit pas que la Mitonniere l'eût pris alors sur son compte.

Quoiqu'il en soit, la blessure du sieur de Thalas est un fait certain, celles de la Mitonniere n'ont été qu'en idée, & celle de la Dame de la Courtiere des plus legeres, puisqu'à peine pût-on appercevoir quelques marques de sang sur sa chemise : cependant ce sont les sieurs de Thalas qui ont succombé par la malice & la mauvaise foy de leurs Parties, & la faveur des Juges qui ont affecté dans cette occasion de passer pardessus toutes les regles de la Justice.

En effet, on voit d'un côté un homme blessé à mort, qui dans le premier transport de la douleur, lâche un coup de pistolet qui ne fait aucun effet ; cependant ce coup de pistolet est puni, & le blessé condamné comme un assassin prémedité. On ne se contente pas de s'attaquer à lui, on enveloppe dans la même affaire son frere qui n'y a jamais été present, parce que c'est lui qui en a porté la plainte.

Deux reflexions feront connoître la faveur de la Dame de la Courtiere & de la Mitonniere au Conseil de la Martinique ; l'affectation que l'on a eu d'écarter les preuves de l'innocence des sieurs de Thalas, pendant que toutes celles que leurs Parties présentoient étoient bien reçûes.

La premiere est, qu'aprés huit mois de procedure, la Mitonniere & la Dame de la Courtiere, demanderent permission d'aller

à

à la Grenade, pour y chercher, disoient-ils, des Pieces qui leur manquoient : cette permission leur fût accordée, & les sieurs de Thalas l'ayant demandée pour eux, elle leur fût refusée.

La Mitonniere, & la Dame de la Courtiere qui étoient persuadez que les faits qu'ils avoient avancez contre les sieurs de Thalas n'étoient pas assez prouvez pour operer une condamnation contre eux, se servirent de cette permission pour mandier des certificats contre les sieurs de Thalas ; & comme ils trouvoient peu de personnes qui leur voulussent faire des déclarations contre leur conscience, ils eurent recours aux Soldats de la garnison, gens à tout faire pour de l'argent, & qu'ils y excitoient encore, en les assurant qu'ils feroient plaisir au sieur de Pradines leur Commandant.

C'est sur ces certificats mandiez & extorquez de gens qui ne se faisoient aucun scrupule de déposer contre les sieurs de Thalas sans les connoître autrement que de vûë, que le Conseil de la Martinique a pris prétexte de les accuser de conduite violente à la Grenade : ces certificats ont été reçûs & applaudis, sans examiner de quelles mains ils pouvoient venir, & sans les communiquer.

Les sieurs de Thalas qui voyoient que leurs Parties dans leurs écritures les traitoient de perturbateurs du repos public, étoient en état de prouver que c'étoit la Mitonniere qui étoit lui-même un perturbateur : que lorsque M. de Meaupou étoit Gouverneur de l'Isle de la Grenade, le sieur de la Mitonniere avoit soulevé tous les Habitans, & s'étoit mis à leur tête, & avoit répondu insolemment au Gouverneur, que les Habitans n'obéissoient jamais à ce qu'il ordonnoit, quoiqu'il fût question du service du Roy, & de la subsistance de la Garnison ; qu'il avoit maltraité plusieurs personnes, & avoit été obligé de transiger pour en éviter la punition, & qu'enfin le Service divin, ni les jours les plus solemnels, n'étoient pas exempts des emportemens du sieur de la Mitonniere, ils avoient demandé permission d'en faire la preuve, elle leur fût refusée, pendant que sur des certificats mandiez dont ils ne se défioient nullement, on leur faisoit leur procez.

La seconde reflexion est, que la Mitonniere, & la Dame de la Courtiere, pendant leur voyage à la Grenade, pratiquérent un faux témoin negre nommé Pierre Calixte, qu'ils firent venir à la Martinique, & lui firent déposer qu'il appartenoit à un des sieurs de Thalas, & qu'il étoit à sa suite, lorsque l'affaire se passa.

Ce Negre ayant été confronté aux sieurs de Thalas, ils furent tres-surpris de l'entendre parler avec tant d'éfronterie ; & lui ayant soûtenu qu'ils ne l'avoient jamais vû ni connu dans l'Isle de la Grenade sans qu'il osa en disconvenir, ils demandérent qu'il fût puni comme faux témoin, aussi-bien que ceux qui l'avoient suborné. On n'eût aucun égard à leur demande : il est vrai que la chose étoit si criante, & la subornation si averée, qu'on ne pût s'empêcher de le mettre en prison, mais il n'y demeura que deux ou trois jours : on le mit dehors, & on le renvoya à Grenade chez le sieur de Pradines Commandant à qui il appartenoit ; on ne voulut pas le punir comme il le méritoit, de peur qu'il ne découvrit bien des mysteres, & sur tous ceux qui l'avoient suborné.

L'avantage que les ennemis des sieurs de Thalas avoient esperé de la déposition de ce faux témoin leur ayant manqué, & les Negres des sieurs de Thalas soûtenant toûjours constamment dans leurs interrogatoires & dans les confrontations, que tout ce que l'on avançoit contre leurs Maîtres étoit faux : on redoubla les mauvais traitemens qu'on leur faisoit ; on les accabla de fers ; & enfin l'argent qu'on leur donna, & les menaces qu'on leur fit du dernier supplice, les forcerent de charger leurs Maîtres : mais ce ne fut que sur la sellette & le jour même du Jugement, pour ne pas leur donner le tems de la repentance, & de se retracter.

Tout ce procedé ne fait que trop connoître l'innocence des sieurs de Thalas, & que l'on a tout mis en usage pour les perdre, suppositions de faits, calomnies outrées, subornations de témoins, rien n'a été épargné ; tout ce qui venoit de leurs Parties étoit bien reçû, & toutes les preuves qu'ils vouloient produire en leur faveur n'étoient point écoutées, mais méprisées & rejettées.

On les a condamnez sur des dépositions extorquées de leurs Esclaves ; ils avoient de leur côté des témoignages de personnes libres, & tous gens d'honneur & de probité. Le sieur de Thalas l'aîné a prouvé que bien loin d'avoir été present à ce qui s'est passé chez la Dame de la Courtiere, il en étoit fort éloigné, & avoit prêté ce soir-là même son Negre Melchior, que l'on a pretendu complice, & son cheval pour conduire chez elle la Dame de la Roque. Cette preuve étoit concluante & complette ; elle a été méprisée, parce qu'elle déconcertoit les projets que l'on avoit fait de perdre les sieurs de Thalas.

Lorsque le Procez aura été remis au Greffe du Conseil, comme il a été ordonné, on y trouvera non-seulement la preuve de tout ce que les sieurs de Thalas viennent de representer, mais encore beaucoup de circonstances bien plus importantes qui établiront leur innocence d'une maniere à n'en point douter, & qu'il n'y a jamais eu de faits plus supposez que ceux qui ont été avancez par leurs Parties. C'est cependant sur ces mêmes faits que les sieurs de Thalas ont été condamnez, & qu'ils ont subi la peine la plus infamante aprés le dernier supplice.

C'est dans cet état d'affliction & de douleur qu'ils se sont présentez devant Sa Majesté & Nosseigneurs de son Conseil, pour demander justice, rétablir leur honneur flétri, leur famille deshonnorée, & leurs biens dissipez, le tout par des procedures tronquées, précipitées & irregulieres, & par l'intrigue la plus noire, & le complot le plus odieux d'un homme & d'une femme pleins de ruses, de mauvaise foy & d'impositions, & suborneurs de témoins.

Il n'est pas indifferent de remarquer que la Dame de la Courtiere n'est point autorisée ni avoüée de tout ceci par son mari, au contraire on a sçû qu'étant venuë à Paris, il l'a obligée de s'en retourner aux Isles pour ne pas avoir l'affront de la voir paroître à la face du Conseil dans une affaire aussi odieuse.

Cette femme & la Mitonniere, non contents des persecutions qu'ils ont faites au sieur de Thalas à la Martinique, les continuë-ront encore; c'est ce qui paroît par un Libelle diffamatoire qu'ils ont fait imprimer & distribuer, auquel on va répondre succinctement.

Ce qu'il y a de particulier, c'est que la Dame de la Courtiere & la Mitonniere qui ont obtenu tout, & même au-delà de ce qu'ils pouvoient esperer du Conseil superieur de la Martinique, font semblant de se plaindre de son Jugement: ils proposent même des moyens de nullité & d'irregularité que les sieurs de Thalas n'ont garde de contredire: mais par un autre motif que celui de leurs Parties; car ils ne cherchent qu'à faire connoître leur innocence & l'injustice qu'on leur a fait, au lieu que la Dame de la Courtiere & la Mitonniere ne paroissent se plaindre que pour avoir occasion de noircir les sieurs de Thalas en France, comme ils l'ont fait à la Martinique, dans la vûë d'empêcher que l'on ne reçoive leurs justes plaintes.

On a affecté dans le Libelle de déguiser generalement tous les faits. En effet, ils sont pleins de contradictions, & la fausseté en est évidente.

On dit que le sieur Eugene-Theophile de Thalas, aborda la Dame de la Courtiere avec laquelle étoit la Mitonniere; on le fait remonter à cheval après avoir vû son compliment mal reçû & passer une éminence, ensuite fondre sur la Mitonniere. On demande où étoit alors la Mitonniere: on ne dit pas que le sieur de Thalas revint sur ses pas; il est donc à présumer que la Mitonniere étoit allé attendre le sieur de Thalas pour l'insulter, comme il fit en se jettant sur la bride de son cheval, & lui arrachant son épée.

Tout le discours que l'on fait tenir par la Dame de la Courtiere & le sieur de Thalas, sont autant de mensonges & de faussetez; le sieur de Thalas n'avoit point encore vû la Dame de la Courtiere, lorsque son épée lui fût emportée, & il ne lui parla que pour la prier de la lui rendre, la Mitonniere l'ayant emportée chez elle.

Il avoit même si peu d'envie de faire de la peine à la Dame de la Courtiere, qu'il étoit demeuré d'accord avec le sieur Cassé son frere, de se réconcilier avec elle, & ce jour-là même le sieur de Thalas avoit dîné chez le sieur Cassé, & il n'y avoit pas longtems qu'ils s'étoient quittez.

L'on dit en second lieu, que le sieur de Thalas n'ayant plus d'epée, se défendit avec une bayonnette: autre fausseté, le sieur de Thalas n'en avoit pas; s'il avoit voulu ne pas ménager la Mitonniere, il n'avoit qu'à prendre un des pistolets qu'il avoit à l'arçon de sa selle: mais bien loin de là il se contenta de se défendre avec un petit bâton qu'il avoit pour faire aller son cheval, afin de faire lâcher prise à celui qui vouloit lui arracher son épée, qu'il ne reconnoissoit pas encore être la Mitonniere, à cause de l'obscurité.

Le surplus du fait est encore faux. 1°. C'est de la Dame de la Courtiere que le sieur Eugene-Theophile de Thalas a reçû le coup d'épée. 2°. Il étoit seul avec un Negre sans armes, qui l'aida à remonter à cheval. 3°. Il n'y eut point d'autre action que celle là, & il est faux que Theodore de Thalas soit venu chez la Dame de la Courtiere, il n'y a point paru, & encore moins qu'ils soient venus tous deux avec des Negres armez de fusils & pistolets, l'action est simple comme on l'a exposé d'abord, tout s'est passé entre la Dame de la Courtiere, la Mitonniere accompagné de ses Negres, & le sieur Eugene-Theophile de Thalas qui n'en avoit qu'un.

On ne doute point qu'aprés une action de cette nature la Dame de la Courtiere & la Mitonniere ne se fussent mis en état de défenses si on venoit pour venger le sieur de Thalas dangereusement blessé, comme il le disent. En effet, un Negre appellé Mathurin, a déposé qu'il avoit été posté avec un fusil prés de la maison de la Dame de la Courtiere par son ordre, ce qui faisoit voir que cette maison n'étoit pas dénuée d'armes à feu, comme on veut le faire entendre. Mais le sieur de Thalas l'aîné avoit bien d'autre choses à penser qu'à une vengeance par voye de fait, un frere mourant faisoit toute son attention, il n'avoit d'autre inquietude que pour son salut & sa guerison & penser, & tout son recours étoit à la Justice.

On dit avec emphase, que deux Habitans que la Dame de la Courtiere & la Mitonniere avoient envoyé chercher, *virent avec horreur des marques de fer & de feu, & le sang encore fumant.* Ce sang tout fumant n'étoit autre que celui du sieur de Thalas blessé à mort. La Mitonniere n'en avoit pas répandu une goute, & la prétendue blessure de la Dame de la Courtiere étoit si legere

qu'à

qu'à peine pût-on appercevoir quatre goutes de sang sur sa chemise lorsqu'elle fut representée, ce qui parut de telle consequence, que le Juge envoyé à la Grenade jugea à propos d'y attacher une bande de papier cachetée sur laquelle le Juge son Greffier & la Dame de la Courtiere signerent, afin que l'on ne pût substituer une autre chemise plus ensanglantée.

Il faut présentement examiner les sujets de plaintes de la Dame de la Courtiere & la Mitonniere, contre le Jugement du Conseil de la Martinique.

Ils disent que la procedure de ce Conseil est irreguliere & passionnée, les sieurs de Thalas en conviennent; mais cette irrégularité & cette passion étoit toute en faveur de la Dame de la Courtiere & de la Mitonniere.

Ils se plaignent de celle qui a été faite par le sieur Girard Lieutenant de la Grenade & le sieur Herissier Substitut du Procureur du Roy.

Les sieurs de Thalas ne se sont point apperçû qu'il y eût ny passion ny affectation dans la conduite de ces deux Officiers; la verité est que la Mitonniere y trouvoit trop d'attention à faire bonne & brieve Justice, & trop peu de complaisance pour les faux témoins.

On dit que pendant que la Mitonniere étoit en prison, les sieurs de Thalas voulurent l'assassiner, fausseté toute pure.

Qu'un simple Procureur du Conseil Superieur, non gradué, fût commis pour l'instruction, & qu'il n'entendit que les témoins que les sieurs Girard & Herissier lui administrerent.

Ce Procureur avoit été Précepteur de la Mitonniere, c'est sur sa Requeste qu'il avoit été commis. Dès qu'il fut arrivé les sieurs Girard & Herissier ne se mêlerent plus de cette affaire, le sieur Clozier Procureur du Roy s'en empara; c'est lui qui administra les témoins, & c'est à sa Requeste, sur la dénonciation de la Mitonniere & de la Dame de la Courtiere, ausquels il communiquoit toutes les dépositions en les faisant transcrire toute la nuit par un homme qui appartenoit au sieur de Pradines, Commandant dans l'Isle, que toute la procedure a esté faite.

Les sieurs de Thalas conviennent de toutes les autres irregularitez commises par le Conseil de la Martinique, qui tombe assez souvent dans de pareilles fautes.

Il y en a actuellement un exemple au Conseil de Sa Majesté, où un particulier nommé Desreaux, a porté ses plaintes au sujet d'un Jugement rendu contre lui, qui l'a condamné à faire amende honorable, nud en chemise, la corde au col & la torche au poing; ce qui a esté executé. Cette condamnation a parû si atroce au

Conseil, que l'on a ordonné que la procedure y seroit apportée, & par provision le Procureur General du Conseil de la Martinique a esté interdit & revoqué.

La Dame de la Courtiere & la Mitonniere ont joint à leur Memoire un Certificat du sieur de Pradines Lieutenant de Roy de l'Isle de la Grenade, qui porte : *que depuis deux ans qu'il est dans l'Isle il a eu connoissance entiere des dereglemens des sieurs de Thalas, dont les plaintes lui sont venues par récidives, & que depuis qu'ils ne sont plus dans l'Isle, la tranquillité y est parfaite.*

Ce certificat, supposé qu'il soit véritablement du sieur de Pradines, ne peut faire aucune foy contre les sieurs de Thalas, qui peuvent dire que le sieur de Pradines, pour un premier Officier de l'Isle, s'est un peu trop presté à la passion & à l'animosité de leurs Parties : on lui demanderoit volontiers où est la preuve des dereglemens des sieurs de Thalas, & où sont les plaintes qui lui en ont esté portées, & par qui ? Il parleroit avec plus de justice s'il vouloit dire que les sieurs de Thalas lui en ont porté plusieurs contre les émissaires de la Mitonniere, & qu'il n'a pas voulu les écouter, ce qui fait voir le peu de bonne volonté qu'il a pour eux, & sa partialité pour les parties.

Mais son témoignage est d'autant plus suspect, que l'on sçait qu'il a soûtenu la Mitonniere & la Dame de la Courtiere de tout son credit auprés des Juges de la Martinique, sans parler de son Negre Calixte, faux témoin averé & reconnu, & emprisonné pour cét effet, & qu'il reçût ensuite chez lui sans en faire aucune punition.

Au surplus, ce n'est qu'un simple certificat d'une personne suspecte, & qui se trouvera détruit par ceux des principaux Habitans de toute l'Isle de la Grenade, que l'on produira lorsqu'il sera tems, par les Provisions accordées au sieur de Thalas l'aîné par M. de Machault & de Maupeou, des places d'Enseigne & ensuite de Lieutenant de Milice, qui portent en même temps un certificat de bonne vie & mœurs.

Si ce que rapporte le sieur de Pradines dans son certificat étoit vrai, les sieurs de Thalas auroient-ils été honnorez des principaux exploits ? Le sieur de Pradines lui-même auroit il chargé le sieur de Thalas d'une commission qui regardoit le service du Roy, comme il a fait le 25. Aoust 1718 ? Une pareille commission convenoit-elle à un homme dereglé & perturbateur du repos public ; comme il le veut faire passer par son Certificat ? Qu'il s'accorde donc avec lui-même, & qu'il convienne qu'il a eu une aveugle complaisance pour la Mitonniere, qui ne devoit pas aller jusqu'à décrier des gens d'honneur & de probité.

Le rang que la famille des sieurs de Thalas tient à la Grenade parle en leur faveur, le sieur Binois de Reteüil leur beaufrere, est Ingenieur en chef, & Major de l'Isle, le sieur Rochard leur beau-pere en est Juge General, & Lieutenant General de l'Amirauté, & le sieur de Thalas l'aîné est Lieutenant de la Milice: Voilà cette famille que l'on proscrit à perpetuité de l'Isle, famille la plus ancienne, & qui a commencé les premieres habitations, famille qui y cultive la plus grande partie des terres; enfin c'est cette famille qui est le soûtien de la Colonie, & qui n'y peut plus demeurer tant qu'un jugement aussi injuste subsistera.

SEGONZAC DE SERICOURT, Avocat.

CERTIFICATS.

NOus certifions Pierre & Jean Denis freres avoir esté presens, lorsqu'un Négre de Mrs de Thalas qui sortoit d'être interrogé du Conseil, a déclaré devant plusieurs personnes, qu'on lui avoit donné de l'argent pour dire toujours oüy, & sur la representation & plaintes qu'en firent lesdits sieurs de Thalas dans le moment aux Messieurs du Conseil qui tenoient le Siege, ils nous questionnerent sur ce qu'avoit déclaré ledit Négre, à quoy nous répondîmes ce que dessus, étant la verité, & sur ce ils firent aussi paroître ledit Négre Loüis, & lui demanderent qui étoit cet homme qui lui avoit donné de l'argent: ledit Négre répondit qu'il ne le connoissoit pas, & remit en nôtre presence à Messieurs du Conseil, trois pieces d'argent qu'il soutenoit être ce qu'on lui avoit donné pour dire toujours oüy; en foy de quoy avons écrit & signé ce present Certificat à la Martinique ce 25 Octobre 1719. *Signé*, P. DENIS & DENIS.

JE soussigné, certifie avoir rencontré dans les ruës du Fort Roïal de la Martinique, les Négres de Messieurs Thalas, nommez Melchior, Loüis, & Cupidon lesquels avoient été confisquez; & sur le bruit qui couroit que lesdits Négres avoient exposé au Conseil contre leursdits Maîtres, je leur ai demandé, comme ont fait plusieurs autres personnes, à qui ils l'ont dit, comme à moy, si ce qu'ils avoient dit dans leur déposition contre leursdits Maîtres étoit vray, ils m'ont tous trois dit en même tems parlant ensemble, que les menaces qu'on leur a fait qu'ils seroient mis à la question, & qu'ils seroient pendus, les avoit obligé à dire toutes ces mantries contre leur Maître, car outre qu'on leur a donné de l'argent pour parler ainsi contr'eux, que si-tôt qu'ils l'auroient fait, ils seroient élargis des prisons, & lassez d'être aux fers, ils avoient été assez malheureux à la fin de dire toutes ces faussetez contre leurs pauvres Maîstres, mais que c'étoit à force de persecution, & ne m'ont pas voulu nommer l'homme qui leur avoit donné cet argent, disant qu'ils ne le connoissoient pas, c'est ce qu'ils m'ont dit, & que je soutiens veritable, en foy de quoy j'ay écrit & signé le present Certificat, pour valloir comme veritable où bon leur semblera. Fait au Fort Saint Pierre de la Martinique ce 14. Decembre 1719. *Signé*, RAVARI, veuve PAVAGEAU.

JE certifie que quelque temps aprés que Messieurs Thalas, ont perdu leur procès au Conseil de l'Isle Martinique, que voyant passer dans les ruës du Fort Royal, leurs Négres Cupidon, Melchior qui avoient été confisquez, je leur ay demandé, s'ils n'avoient point menti dans ce qu'ils avoient dit contre leur Maîtres, ils m'ont tous les deux fait réponse, que ce qu'ils avoient dit étoit pour se sauver la vie, & qui à force d'être tourmentez, qu'ils avoient esté obligez de parler contr'eux; mais que tout étoit mentries, que depuis qu'ils étoient à la Martinique, qu'on étoit tous les jours aprés eux pour les faire mentir contre leurs Maîtres, ce qu'ils avoient été obligez de faire à la fin pour sortir des fers, ledit Négre, nommé Cupidon, me dit aussi qu'on leur avoit donné de l'argent pour parler de la sorte contre leurs Maîtres, & qu'un de leurs camarades nommé Loüis, avoit été assez beste pour remettre à Messieurs des Conseillers l'argent qu'on lui avoit donné, mais que pour lui il avoit gardé le sien, ce que je certifie veritable, & ai signé & donné le present Certificat. A la Martinique ce 15. Decembre 1719. *Signé*, B. RODOLFLE.

VU la presente Requête, attendu l'énormité du cas, & voulant réprimer, autant qu'il dépendra de Nous, les scandales causez dans l'Eglise, & les irreverences commises à la vûe du Service divin, sans user de violens remedes, & de châtimens proportionnez à la grandeur de ces faits, Nous nous contentons à condamner le sieur de la Mitonniere à une amende de dix écus, applicable à la Fabrique de l'Eglise où il a commis le délit, laquelle somme il payera comptant au Marguiller, duquel il tirera quittance qu'il nous envoyera ensuite: Ordonnons au Juge & Procureur du Roy de la Grenade de tenir la main à l'execution de ce, notre present ordre, & faisons audit sieur la Mitonniere trés-expresses inhibitions & défenses de recidiver à l'avenir, à peine de griefs châtimens. Donné au Fort Royal de la Martinique le 30 d'Avril 1718. *Signé*, DEPAS DE FEUQUIERES.

Extrait

Extrait des Minutes du Greffe Civil & Criminel de l'Isle de Grenade.

L'An 1716. & le 19e jour de Decembre à dix heures du matin, pardevant nous Julle Michel Rochard, Notaire Royal étably en l'Isle de la Grenade en Amerique, furent presens en personne le sieur Jean Combet la Mitonniere, habitant de cette Isle, & Damoiselle Magdeleine Gaston, fondée de Procuration generale & speciale de Restituë Bertrand sa mere, passée par Maître Michel Natier, Notaire Royal le 28 Novembre dernier, laquelle demeurera jointe à ces Presentes pour y avoir recours, lesquels ont ensemblement & volontairement fait la transaction suivante.

Sur ce que ladite Restituë Bertrand fut maltraitée, & excedée de coups par ledit sieur de la Mitonniere, elle auroit au nom de sa Procuratrice, poursuivi sa Plainte en Justice, pour faire informer icelle, fait assigner les témoins ; l'information faite en consequence, & ensuite poursuivi par interrogatoire que ledit sieur la Mitonniere auroit subi, jugement seroit intervenu qui auroit ordonné le recollement & la confrontation, qui s'en seroient ensuivis avec ledit sieur la Mitonniere, & sur le point que M. le Juge alloit rendre sa Sentence, ledit sieur la Mitonniere se seroit retiré pardevers ses amis communs, pour leur prier d'accommoder la presente affaire, & à leur priere & requête y auroient réussi par les conventions suivantes ; c'est à sçavoir que pour les mauvais traitemens & excès, il s'oblige, comme par ces Presentes, de payer à ladite Procuratrice 350 liv. de dommages & interêts civils.

Comme aussi s'oblige pareillement ledit sieur la Mitonniere de payer tous les frais de Justice, pensemens & medicamens qui ont été faits jusqu'à ce jour, suivant qu'ils seront taxez par M. le Juge, & qu'effectivement il avoüe que temerairement, il a maltraité ladite Restituë Bertrand, & que ç'a été par colere & emportement, se soumettant à l'avenir à vivre ensemble en bonne paix & union, ce qu'ils ont voulu & consenti ; de leur consentement les en avons jugé. Fait & passé en notre étude les jours & an des autres parts, presence des sieurs Charles, Pierre & Jacques Thoison, témoins qui ont signé avec les Parties, & nous Notaires signé à la minute, Mr Gaston, de la Mitonniere, Baussan Prêtre, Pierre Thoison, & nous Notaires sudits, signé Rochard Notaire. Scellé à la Grenade le 27 Septembre 1716.

JE certifie, moy la veuve Noël, & Jean-Pierre Noël son fils, qu'il y a environ huit ans, que M. de la Mitonniere donna, dans le Bourg, un coup d'épée dans la main de mon mary, & qu'il estoit estropié, ce qui m'obligea de presenter Requeste à Monsieur Rochard, Juge pour en avoir justice; mais que M. Thalas me pria d'accommoder l'affaire, ce que je fis à sa consideration, moyennant quoy la Mitonniere me promit de payer les frais du Chirurgien qui avoit pansé mon mary, & frais de Justice; en foy de quoy, nous avons signé & fait notre marque ordinaire pour valoir & servir de que de raison. A la Grenade ce 3. Decembre 1710. Signé, Noël.

De l'Imprimerie de JEAN-FRANÇOIS KNAPEN, ruë de la Huchette.

www.ingramcontent.com/pod-product-compliance
Lightning Source LLC
Chambersburg PA
CBHW070808220326
41520CB00053B/6196